...HEQUE L. CURMER.

...EIGNEMENT

MORAL.

HISTOIRE

DE MARCILLOT,

Par M. Clément d'Elbhe.

Adopté par l'Association pour l'Éducation populaire.

10 centimes.

PARIS.

...RAIRIE DE L. CURMER,
...e de Richelieu, 47, AU PREMIER.

1849

ASSOCIATION

BIBLIOTHÈQUE L. CURMER.

ENSEIGNEMENT MORAL.

HISTOIRE DE MARCILLOT,

Par M. CLÉMENT D'ELBÉE.

Adopté par l'Association pour l'Éducation populaire.

> La République doit mettre à la portée de chacun l'instruction indispensable à tous les hommes.
>
> (*Constitution de 1848*)

PARIS.

LIBRAIRIE DE L. CURMER,

rue de Richelieu, 47, AU PREMIER.

1849

ASSOCIATION
POUR L'ÉDUCATION POPULAIRE.

L'"Association pour *l'éducation populaire*, sur le rapport de son comité de rédaction, approuve l'impression de l'HISTOIRE DE MARCILLOT, par M. Clément d'ELBHE.

Paris, le 19 octobre 1849.

Pour ampliation,   *Le Président,*
BLOCK,   D'ALBERT DE LUYNES.
Secrétaire général.

La **Bibliothèque L. Curmer** est destinée à enserrer dans un vaste réseau de publications *tout* ce qui touche à l'ENSEIGNEMENT UNIVERSEL, à l'ENSEIGNEMENT MORAL et à l'ENSEIGNEMENT ÉLÉMENTAIRE. Sous le premier titre, elle abordera toutes les questions qui dérivent de la Constitution; sous le deuxième, elle comprendra une série d'histoires et de récits instructifs et amusants; sous le troisième, elle donnera des notions de toutes les sciences.

Elle fait un appel à *l'intelligence*, en la conviant à répandre ses bienfaits sur tous ceux qui ont besoin d'apprendre; à la *richesse*, en l'engageant à populariser ces petits écrits et à les distribuer avec la profusion qu'ils méritent par leur but et leur importance; aux *travailleurs*, en leur offrant un moyen sûr et peu dispendieux d'acquérir sans peine toutes les connaissances qui forment l'homme et le citoyen.

Ces petites publications coûteront 10, 20, 30, 40 et 50 centimes, selon le nombre de feuilles de 32 pages, et celui des gravures qui serviront à l'explication du texte.

Paris. — Imprimerie de Rignoux, rue Monsieur-le-Prince, 29 *bis*.

HISTOIRE

DE MARCILLOT.

J'allais de Breteuil à Montdidier en compagnie d'un jeune homme, fils d'un de mes amis. Son père, fermier des environs, désirait le mettre à la tête de sa ferme ; lui n'était point de cet avis, et voulait aller faire le commerce à Paris.

— J'ai le goût du commerce, disait-il, je m'y entends, je réussirai.

— Mais, lui dis-je, après avoir essayé tous les raisonnements, puisque tu veux faire le commerce, qui t'empêche de garder ta ferme en y joignant, pour améliorer ta culture, l'élève et le commerce des bestiaux ? C'est l'idée qu'avait ton père en t'envoyant passer ces deux dernières années en Normandie, chez ton oncle l'herbager. Ton père avait raison : améliorer sa position est autre chose qu'en changer. L'un ruine, l'autre fait prospérer ; et c'est une ambition raisonnable, car il n'est jamais nuisible d'étendre son industrie à force de travail.

— L'industrie de mon père et celle de mon oncle m'ennuient, je ne veux pas plus de l'une que de l'autre. Labourer la terre et engraisser des bestiaux jusqu'à mes vieux jours, pour avoir au bout, tout juste de quoi ne pas mourir de faim, c'est trop petit profit pour si longue et si rude besogne.

— Décidément, mon ami, tu as la maladie du temps : changer d'état !... faire prompte fortune !... sottises qui tournent toutes les têtes.

— Pourquoi ne réussirais-je pas comme les autres ?

— Les autres se ruinent.

— Vous me dites toujours la même chose, mais les paroles ne prouvent rien.

— Ah ! tu veux des preuves, des exemples ! eh bien, regarde là-bas, en avant sur la route ; vois cet homme qui traverse le sentier devant nous ; le reconnais-tu ?

— C'est Marcillot. Mon Dieu, qu'il a vieilli pendant mon absence !

— C'est le chagrin ; il a tant souffert depuis qu'il est devenu ambitieux.

— Marcillot ambitieux !...

— Pourquoi pas? tu l'es bien toi, qui n'as que vingt ans et ni femme ni enfants à nourrir. Je suis bien aise que notre promenade nous ait conduits de ce côté. Ton père m'avait prié de chercher à te faire entendre raison. Tu me demandes des preuves de ce que je te dis : Marcillot et son histoire se présentent tout à point. Asseyons-nous sur ce tertre et faisons halte un moment.

Dis-moi d'abord si tu connais un pays plus beau, un site plus agréable que celui qui est devant nous ! La plaine, riche et bien cultivée, s'étend sous nos yeux jusqu'à l'horizon, coupée de ci de là par les jolis villages de Quéry, de Roquencourt et de Serivillé ; à droite, la forêt de la Hérelle, dont la lisière sinueuse fuit en gracieux festons et semble toucher le moulin de Plainville, situé à mi-côte. Entre nous et la forêt ou les villages, la vue se repose sur des champs en plein rapport et couverts des richesses que le bras de l'homme tire de la terre.

Eh bien ! toutes ces beautés disparaissent aux yeux du laboureur habitué à les voir tous les jours. Je m'en suis étonné souvent ; l'homme des champs compte pour rien dans son existence l'air pur qu'il respire, les tableaux admirables qui l'environnent, et pour l'ambitieux ces richesses ne sont rien. Voici vers le nord, et parfaitement éclairé à cette heure de la soirée, le bois de *la Glanerie*, assis sur le mont Soufflard, et descendant vers nous avec son chemin aux cailloux gris sur lesquels s'allongent, comme des lames d'or, les rayons du soleil couchant ; il nous cache l'exploitation de la *Cendrière* (1), autre travail pour l'homme, autre source de richesse pour le pays. Au midi, le village de *Broyes,* avec son grand Christ bien sculpté, élevé au bord des champs, à l'entrée du village, pour bénir les moissons et les travailleurs, les voyageurs et les habitants. Plus loin, le clocher de l'église...

(1) Voir la Note page 28.

— Et, interrompit Germain, plus loin encore, à l'autre bout du village, la maison de Marcillot : petite maisonnette si bien placée sur la hauteur, au carrefour des Chemins-Verts, si joliment cachée au milieu des haies en face de la mare bordée de peupliers, si gaie avec ses échappées de vue sur tout ce beau pays qui est devant nous. Je m'y suis arrêté bien souvent quand, fuyant la ferme ou l'école, je courais les champs à l'aventure. Dans ce temps-là, cette route où nous sommes n'était pas faite ; mais je n'en avais pas besoin pour trouver le chemin de la maison de Marcillot. Sa femme avait toujours pour moi une tartine de miel et un verre de cidre ; elle était si bonne et avait l'air si heureuse dans sa maisonnette, au milieu de ses cinq enfants et de son carré de pommes de terre planté de pommiers !

— Oui, elle était heureuse et son mari aussi, quoiqu'ils n'eussent pas d'autre richesse que la maisonnette, leurs cinq enfants, et le travail de leurs bras. Mais alors Marcillot était un simple journalier laborieux ; sans penser à autre chose, il tra-vaillait courageusement aux champs, aux granges, suivant la saison, et l'hiver à la Cendrière, où il trouvait toujours de l'ouvrage. Le salaire de ses journées, petit mais régulier, suffisait aux besoins de la famille, et même, à force d'ordre, ils avaient pu faire quelques économies.

Il arriva, par malheur pour lui, qu'on vint à construire cette route où nous sommes.

Une route nouvelle dans un pays de culture et d'industrie est toujours un événement, soit parce qu'elle change et multiplie les communications, soit parce qu'elle donne une valeur spéciale à des propriétés qui n'en avaient pas auparavant.

Le tracé de la route passait entre la mare et la maison de Marcillot. On ne manqua pas de dire : — La route enrichira le propriétaire ; la maison de Marcillot va faire une auberge parfaitement placée ; les ouvriers occupés à la route viendront y prendre leurs repas, s'y rafraîchir, y coucher peut-être ; rouliers et piétons vont passer en grand nombre ; on établira des diligences sur la route ; la nouvelle auberge, fréquentée en outre par les ouvriers de la Cendrière étrangers au pays, sera le centre nécessaire d'un mouvement considérable, et son propriétaire fera des affaires d'or, etc. etc.

Nombre de têtes, en entendant ces beaux discours, ne seraient pas restées fermes ; celle de Marcillot tourna.

— Cependant, dit Germain, c'était là une bonne opération ; car Françoise, dont la petite taille ne va guère aux travaux des champs, pouvait servir les voyageurs pendant que son mari était à ses journées. C'était avoir deux cordes à son arc.

— Justement ! l'auberge et ses journées ; comme pour toi la ferme et l'engraisse des bestiaux. Je te le disais tout à l'heure... Oui, l'auberge pouvait être une bonne opération pour Marcillot, mais en y allant avec prudence, en gardant ses journées et ne faisant de frais qu'à mesure des affaires et des bénéfices. Il s'agissait pour Marcillot non pas de changer d'état — fais bien attention à ce mot — non pas de changer d'état, mais d'améliorer celui qu'il avait. Or, pour garder un juste milieu et aller doucement sur la pente que l'on croit être celle de la fortune, il faut beaucoup de sagesse et de force d'âme. Il en faut plus que n'en avait le pauvre Marcillot.

Ébloui, entraîné, enivré de belles espérances, il dit adieu à ses journées, aux champs et à la Cendrière. Là fut sa première faute, qui amena toutes les autres. Il ne s'occupa plus que de son auberge. Il fallait approprier la maison, courir à la ville acheter les ustensiles nécessaires, et garnir un peu la cave. Il fit tout ce qu'il put par lui-même ; jamais il ne s'était donné tant de mouvement. Toute la famille, même les petits enfants, s'y employait avec une ardeur infatigable ; mais on n'en dut pas moins occuper maçons, charpentiers et menuisiers ; car toujours, dans l'espoir des grandes affaires qu'allait amener le chemin, Marcillot, par petite vanité de propriétaire, par faux calcul, ou pour éloigner les concurrences, voulut que son auberge fût tout de suite ce qu'elle n'aurait dû être que plus tard. Il acheta des lits pour les voyageurs *à venir*; il bâtit une écurie dans son champ de pommes de terre pour les chevaux qui *devaient* passer *un jour*. Seconde faute, qui rendit sa perte inévitable et son opération mauvaise. Pour faire tout cela, il dut prendre à crédit meubles et matériaux. L'ouvrier ambitieux, l'honnête imprudent, comptait payer sur le profit que lui donneraient les diligences qui, disait-on, allaient s'établir prochainement; il y comptait si bien qu'il voulut acheter le terrain bordé d'arbres qui touchait à sa maison, afin d'y donner à boire et à danser le dimanche aux promeneurs du voisinage. Ce terrain était à Mme Delpuech; elle refusa de le vendre.

— Je prends à vous trop d'intérêt, leur dit-elle, pour vous vendre l'enclos, qui entraînerait encore des dépenses. Vous êtes trop peu aisés pour acheter, comme vous le faites, à crédit. Vous payerez des intérêts énormes, des frais considérables, vous ne toucherez aucun intérêt de votre argent d'ici à longtemps. Lors même que vous réussiriez, c'est un métier qui vous ruinera, vous et ceux qui feront comme vous. Vous feriez mieux de vous arrêter sur le penchant de la ruine où vous vous précipitez, et avant de songer à vous agrandir, de veiller à gagner votre vie, de penser à payer vos dettes, au lieu d'en contracter de nouvelles. Ne comptez donc pas sur l'enclos; je ne vous le vendrai pas.

Que de choses ne dit-on pas dans le pays sur ce juste refus de Mme Delpuech! — Les riches sont toujours comme cela! s'écriait-on, ils ne souffrent pas que les pauvres gens s'enrichissent et deviennent propriétaires; ils veulent tout dominer; ce sont des égoïstes, etc. etc. C'était là une grande injustice, car il n'y a pas de bien que Mme Delpuech ne fasse dans le pays à tout le monde, même aux plus ingrats.

— Est-elle toujours assise à sa même fenêtre du rez-de-chaussée de sa maison, où je l'ai vue si souvent parlant à chacun avec bonté; riant avec son bon gai sourire à ceux qui la saluaient; donnant du pain, de l'argent, aux pauvres qui passaient, ou jetant du grain aux poules affamées des voisins?

— Oui, elle y est encore, et Dieu seul sait toutes les bonnes paroles de consolation, les aumônes et prêts d'argent sans intérêt, qui ont passé par cette fenêtre.

Pour en revenir à Marcillot, il faut dire que ses illusions eurent d'abord une apparence de réalisation.

Pendant la construction de la route, ses affaires allèrent assez bien. Les escouades d'ouvriers occupés aux travaux venaient prendre les repas du jour et le repos de la nuit à l'auberge de Marcillot.

Cette prospérité passagère enracina encore Marcillot, et surtout sa femme, dans leurs folles espérances. Une fois qu'on est sorti de la vérité des choses, l'erreur vous égare tous les jours davantage ; elle vous montre constamment le beau côté des opérations et vous cache les mauvaises chances, qui manquent rarement de se présenter.

Ce commencement de bonheur fut une illusion de plus. Bientôt la route fut terminée, les ouvriers s'en allèrent, et Marcillot l'aubergiste dut rester derrière son comptoir, les bras croisés, à attendre les voyageurs qui ne passaient point encore et les diligences qui ne s'établissaient pas davantage. Le chemin de fer qu'on étudiait dans les environs, et dont le tracé n'était pas arrêté définitivement, empêchait l'organisation de nouvelles voitures publiques et l'établissement de communications plus fréquentes.

Cependant les créanciers, ouvriers et fournisseurs, demandaient leur dû et devenaient pressants. Les protêts, les assignations, arrivaient en foule. Bientôt les dettes se trouvèrent doublées par les frais d'huissiers et autres.

Un jour, le mobilier fut saisi, et l'auberge mise en vente par autorité de justice.

Marcillot ne savait que devenir.

Mme Delpuech, la bonne providence, apprit la position de Marcillot. Elle savait que le malheur de cet homme venait moins d'un défaut de conduite ou d'un vice de cœur que d'un travers d'esprit. Elle le fit venir et lui dit : « Je veux te sauver. Je t'avancerai l'argent pour payer tes dettes les plus pressantes et j'amènerai tes créan-

ciers qui travaillent pour moi à te donner
du temps; mais il faut reprendre tes journées d'ouvrier et retourner à la Cendrière.
Tu me rendras les avances que je t'aurai
faites en me remettant le cinquième de ton
salaire de chaque jour. Cela te gênera un
peu sans doute, mais la petite somme qui te
restera suffira à la subsistance de ta famille. Dans deux ou trois ans, tu te trou-
veras quitte. La route alors sera fréquentée,
et ta maison vaudra trois fois plus que tu
ne la vendrais aujourd'hui. Voilà ce que je
te propose; et, si tu veux suivre mes conseils, tu peux encore te tirer d'affaire.

Marcillot, un peu honteux et tout pen-
sif, n'osa pas se décider sans consulter sa
femme.

—Bah! dit celle-ci, ces riches sont toujours les mêmes; ils n'aident les pauvres
gens qu'autant qu'on leur reste soumis. Ils
veulent non pas tant nous obliger que nous
primer. Si tu acceptes, nous ne pourrons
plus rien faire sans consulter Mme Delpuech;
nous ne serons plus maîtres chez nous.
Et puis, ne seras-tu pas honteux de rede-

venir journalier devant tous, après avoir été aubergiste, libre chez toi, et à la tête de ta maison? Et puis encore, cet argent qu'il faudra rendre à Mme Delpuech, comment pourrons-nous le lui donner cet hiver? Il faudra la prier de nous faire grâce, et nous humilier devant elle. Je sais bien qu'elle est bonne. Mais les riches mettent toujours un prix au bout de leurs bienfaits; ils ne le disent pas toujours, mais ils ont leur idée cachée. Il vaut mieux nous passer d'eux. Sans te le dire, j'ai écrit à Paris, à mon frère le fruitier. Il m'a répondu; il nous conseille d'aller à Paris, où il te trouvera de l'ouvrage. — Quel ouvrage? demanda Marcillot. — Dans les bâtisses ou aux fortifications. — Mais je ne suis pas maçon. — Tu le deviendras. Ouvriers pour ouvriers, vaut mieux cacher nos peines et nos misères à Paris, que d'être humiliés ici devant tout le pays. Et puis, n'y a-t-il pas toujours des ressources dans une ville comme Paris? C'est si grand. Il doit y avoir de la place pour tout le monde, et on dit qu'on y gagne gros. Quand nous y aurons

fait fortune, nous reviendrons, et nous ra-
chèterons notre maison.

La femme de Marcillot se trompait de
tout point; elle eut raison sur son mari cependant. Marcillot s'en alla remercier
Mme Delpuech; l'auberge fut vendue le
soir même, et, toutes dettes payées, il resta
quelque argent pour attendre une meilleure
chance. Marcillot acheta un cheval et une
charrette; il chargea dessus les pauvres
meubles et le peu de linge qu'on leur aban-
donna; et un beau matin, la famille partit
sans regarder derrière elle, sans jeter un
coup d'œil sur la jolie maisonnette, sur le
riche pays qu'on abandonnait, sans même
donner un regret au village natal. Il faisait
un beau soleil; on se sentait les poches
bien garnies, on avait de belles espérances.
Que fallait-il de plus? Aller à Paris, n'est-
ce pas courir à la fortune? Personne ne
doute de cela... en province, dans les campagnes surtout.

L'équipage arriva à Paris le surlende-
main; on s'y établit modestement; et peu
de jours après, l'homme, le cheval et la

charrette, travaillaient aux fortifications.

Pendant dix-huit mois à peu près, tout alla à merveille ; l'ouvrage ne manqua pas un jour. On eut la chance d'éviter ces hardis entrepreneurs qui ont fait et qui font encore tant de victimes. Le journalier Marcillot ne perdit pas un centime ; la famille n'essuya pas de maladie, le cheval lui-même se porta bien constamment ; et, chose plus rare, Marcillot conserva les bonnes habitudes d'ordre et de tempérance qu'il avait contractées dans sa jeunesse. Le pauvre journalier ambitieux pouvait encore s'applaudir d'être né sous une heureuse étoile.

Mais, hélas ! tout a un terme ici-bas, même les fortifications de Paris. L'ouvrage manqua. On fit mille courses, mille démarches, pour en trouver. Partout les places étaient prises avant même d'être vacantes. Le courage et la bonne volonté ne manquaient point à notre homme ; il courut à toutes les indications qu'on lui donna. Aucun travail ne l'eût rebuté : commissionnaire, scieur de bois, palefrenier, tourneur de roue, il demanda tout et n'obtint rien.

C'est facile à comprendre. Dans Paris, où affluent tous les hommes sans ouvrage et sans état de la province et des campagnes, il y a, même pour ces travaux sans nom, unique ressource de ceux qui n'ont pas d'état, il y a cent hommes pour une place. Les petites économies de Marcillot, faites à plus grande peine que les premières, disparurent comme celles-ci.

La vie est chère à Paris. Ce n'était plus dans son petit jardin, mais au marché, que Françoise trouvait ses légumes. La vache, presque nourrie dans le bois ou avec l'herbe des fossés au bord de la route, n'était plus là pour donner son lait. L'eau même se vend, à Paris! et il fallait payer cher le loyer de la chambre où la famille était entassée, de cette affreuse petite chambre, privée d'air et de jour, où les enfants prisonniers devenaient pâles et méchants. On vendit le cheval, et l'on en mangea le prix; la charrette suivit le cheval, cette ressource dura peu; le linge fut mis au mont-de-piété. Le boulanger et le boucher refusèrent de vendre à crédit; le propriétaire, après avoir patienté deux termes, donna congé, et fit vendre toute cette partie du pauvre mobilier que la loi lui abandonne en garantie. Et toujours pas d'ouvrage!...

Alors commença la misère, la profonde et véritable misère, qui souffre et qui a faim! de cette faim de cinq enfants, qui déchire les entrailles du père et de la mère!

Ah! si ceux qui veulent changer d'état ou qui accourent à Paris pour faire fortune savaient ce qu'il en coûte de privations, de souffrances, d'espérances mille fois trompées et de chagrins cruels..., ils resteraient chez eux et garderaient leur position, quelque modeste qu'elle pût être.

Le jour vint où Marcillot se trouva vis-à-vis de RIEN, et dans la rue.

Désespéré, traînant à sa suite sa femme et ses cinq enfants, il vint demander asile à son beau-frère le fruitier; mais ce dernier était lui-même chargé de famille, et Marcillot comprenait bien qu'un morceau de pain à la ville a une bien plus grande valeur pour celui qui le donne, que le même morceau de pain au village. Il ne fut donc pas étonné, lorsque, ainsi que cela se pratique d'ordinaire, son beau-frère, qui l'avait empêché de reprendre sa position de journalier en lui conseillant de venir à Paris, lui conseilla de chercher à retrouver cette même position en retournant au pays.

Mais comment faire le voyage! Marcillot, sans un sou dans sa poche, n'avait pas mangé depuis l'avant-veille!

Dieu eut pitié de lui. Par aventure, Mme Delpuech était à Paris.

La tête basse, le désespoir au cœur, sa femme et ses cinq enfants toujours derrière lui, Marcillot fut la trouver. D'un coup d'œil, elle comprit les souffrances du malheureux ouvrier, et lui en épargna l'aveu. «Tenez, mes enfants, leur dit-elle, voilà de l'argent pour faire votre voyage et racheter quelques meubles; voici une lettre pour que ma fille vous loge dans la chaumière au bout de mon jardin, et voici encore une seconde lettre pour le propriétaire de la Cendrière, afin qu'il te rende tes journées chez lui, mon pauvre Marcillot. En t'occupant, il retiendra le cinquième de ton salaire, afin que tu t'acquittes envers moi. Tu sais que c'est ma manière. Je ne dois pas faire l'aumône, mais prêter seulement à ceux qui comme toi peuvent gagner leur vie; c'est un moyen de donner davantage à ceux qui ne peuvent plus la gagner. »

La pauvre famille, bien guérie de ses rêves d'ambition et de fortune, bien heureuse de pouvoir se tirer d'un si mauvais pas où tant d'autres succombent tout à fait, reprit la route du village qu'elle n'aurait jamais dû quitter.

On alla à petites journées; on était parti en charrette et on revenait à pied! On arriva cependant; mais quelle rude épreuve et quelle source d'amers regrets!

Deux diligences, plusieurs voitures de rouliers, étaient arrêtées devant l'auberge, de nombreux voyageurs et ouvriers y prenaient leurs repas; tout annonçait la prospérité du nouvel établissement.

L'acquéreur, tisserand du pays, aperçut

de loin les émigrants ; il les fit entrer pour leur payer la bienvenue.

— Je suis heureux, leur dit-il, en réponse aux questions du pauvre Marcillot, je fais joliment mes petites affaires ; je ne donnerais pas mon auberge pour le triple de ce que je vous l'ai achetée.

— Vous avez donc bien du monde? demanda Marcillot.

— Toujours, et les jours de marché les salles et l'écurie sont pleines.

— Voilà cependant contre la fenêtre votre métier tout monté ; vous n'avez donc pas mis de côté la trame et la navette?

—Je m'en suis bien gardé, répondit le sage aubergiste. Je suis tisserand de mon état, pourquoi ne le serais-je pas toujours? Excepté les jours de coups de feu, où je dois m'en mêler, ma femme suffit à servir les voyageurs. Si je restais pendant ce temps les bras croisés derrière mon comptoir, je prendrais le goût de la fainéantise, l'habitude de boire avec les désœuvrés et les libertins du pays ; j'aime mieux faire courir ma navette, c'est tout profit. Je veux bien être aubergiste, puisque cela se rencontre; mais je veux surtout rester tisserand, comme l'était mon père, parce que c'est là mon vrai travail, qui ne dépend que de mes bras et non pas des voyageurs qui passent chez moi ou vont ailleurs. Tel que vous me voyez, je travaille encore huit ou neuf heures par jour, et je me fais au moins dix ou douze francs par semaine, cela aide et désennuie; aussi je ne dois rien à personne et je m'arrondis sans me gêner.

— Oui, dit Marcillot, je vois que vous avez acheté le petit enclos qui borde la maison; je désirais bien l'avoir.

— Je l'ai acheté meilleur marché que son prix, et c'est cependant ma seule mauvaise opération. J'en ai fait un jardin, et quand il fait beau, il y a foule; mais le monde des dimanches cause plus de scandale qu'il ne donne de profit. Je m'en déferai à la première occasion, heureux si je n'y perds que les frais d'acte, de timbre et d'enregistrement. — Mais parlons de choses plus sérieuses: voilà votre aîné qui a grandi; il a bonne figure, et, je me le rappelle, Lou caractère. Il est probable qu'il n'a pas encore d'état. Confiez-le-moi, j'en ferai un tisserand; il nous aidera dans l'auberge et aura des profits assez pour s'entretenir; je lui donnerai, en outre, ce qu'il gagnera au métier. Vous me le laissez, n'est-ce pas? Je veux qu'il couche ici dès ce soir.

Marcillot, les larmes aux yeux, donna une cordiale poignée de main à l'aubergiste-tisserand, et lui laissa son fils avec reconnaissance.

— Vois-tu! lui dit sa femme, dont le cœur était gonflé, si tu avais voulu reprendre tes journées et suivre les conseils de Mme Delpuech, nous serions encore chez nous, et notre fils ne serait pas chez les autres.

— Mais, reprit vivement Marcillot, un peu surpris du reproche, c'est toi qui ne l'as pas voulu dans le temps.

— Il fallait me laisser dire et te décider pour le plus sage parti.

Les deux hommes sourirent doucement. Le brave Marcillot embrassa sa femme et s'en alla avec les siens. Il courut à la Cendrière, où il rentra le jour même.

Depuis ce temps, il travaille résolument. Il a payé toutes ses dettes, et il élève sa nombreuse famille ; mais le chagrin a laissé sur lui ses traces.

Son fils aîné est un excellent sujet qui gagne déjà de bonnes semaines au métier et qui donne à sa mère tout ce qu'il gagne.

Mme Delpuech dirige l'éducation, l'apprentissage des enfants, et ses bons conseils sont suivis à la lettre. Enfin toute cette existence, démolie par l'ambition de fortune, est reconstruite par la charité, la bonne conduite et le travail.

Malgré cela, il eût mieux valu pour Marcillot garder ses journées et son état ; embellir, approprier sa petite maison petit à petit ; et attendre les circonstances favorables pour en profiter.

De tous ceux qui, comme Marcillot, sont jetés hors de leur état par ambition de place ou de fortune, il ne s'en sauve pas un sur mille.

Voilà l'histoire du pauvre Marcillot.

Et maintenant la morale à en tirer, vois-tu, Germain, c'est qu'avec le désir de faire prompte et grosse fortune un honnête homme court presque toujours à sa ruine. Ce désir provient de l'orgueil qui veut briller, de la paresse qui veut se reposer et pousse aux entreprises hasardeuses, aux spéculations imprudentes, quelquefois aux gains forcés et illégitimes : ce sont-là mauvaises semences qui ne peuvent donner de bon grain. Enfin, avec le dégoût de l'état qu'on professe et le changement d'une position faite, on perd les avantages qu'on possédait, la connaissance de cet état même, l'expérience qu'on y a acquise, l'intérêt des personnes qu'on connaît sur les lieux, les ressources qu'offre le pays, sans être sûr de trouver, ces mêmes ressources, ces mêmes avantages dans un pays et un état nouveau; et même quand on a du courage au travail, il est bien rare que l'on arrive à quelque chose de bon.

Si petite que soit notre position, gardons-la soigneusement ; améliorons-la, s'il est possible, mais ne la changeons pas.

Clément d'Elbhe.

Note sur la Cendrière du mont Soufflard.

L'exploitation d'une cendrière consiste à extraire du sein de la terre des cendres qui y sont enfouies.

Les cendres du mont Soufflard, près de Broyes, sont placées au-dessus de la craie ; ce dépôt est formé d'un mélange de débris de végétaux et de sulfate de fer. Soumises à l'analyse chimique, elles donnent :

Eau de goudron et huile. . . 28 40
Gaz et huiles entraînées. . . 24 10
Cendres et matières terreuses. 17 10
Charbon. 30 10

C'est en 1812 qu'a commencé l'exploitation de la cendrière du mont Soufflard. Voici quel est le travail de manutention que ces cendres vitrioliques exigent avant d'être livrées aux cultivateurs.

On commence les travaux par abattre le bois ; on pratique ensuite dans le défrichement de larges tranchées. Lorsque sur un espace considérable on n'est plus séparé des cendres que par une certaine épaisseur, un fer de bêche par exemple, on creuse une fosse en parallélogramme, d'une dimension en rapport avec le nombre d'ouvriers disponibles. On a eu soin en faisant les tranchées de conserver une pente et des conduits pour l'écoulement des eaux provenant, comme disent poétiquement les gens du pays, *des pleurs de la terre,* c'est-à-dire des eaux pluviales retenues par les terres argileuses. Ces eaux sont parfois tellement abondantes dans ces terrains, qu'il faut établir un jeu de pompes pour que les travaux ne soient pas complétement noyés. A mesure que l'ouvrier extrait la cendre avec sa pelle de bois, il la jette sur les talus d'où, reprise par d'autres mains et chargée sur des brouettes, elle est emportée plus loin et mise en un grand tas.

Une fois rangée ainsi, on la laisse à elle-même pendant un mois. En cet état elle s'échauffe au point de prendre feu si on n'y veillait. Elle est tour à tour remuée, retournée, changée de place ; et quand on la juge assez refroidie, on la passe à la claie, puis on la met en cavalier, c'est-à-dire en talus allongé, pour quelques semaines. Mais bientôt la chaleur se reproduit. Alors on l'étale, et afin de la réduire en poudre fine, on fait passer dessus, à plusieurs reprises, un fort rouleau lourdement chargé, conduit par des chevaux et suivi d'une sorte de herse à dents de fer. Cette cendre pulvérisée passe encore de nouveau à la claie, avant d'être une dernière fois remise en cavalier pour tout l'hiver.

C'est au commencement du printemps que le mont Soufflard voit arriver à la file les nombreuses voitures des cultivateurs, venant bien loin quelquefois, pour acheter la cendre précieuse. Ils la payent 1 fr. 40 c. le sac au comptant, et 1 fr. 60 c. soldé dans l'année. — Cet engrais est éminemment fécondant par les sels qu'il contient ; il se répand sur les blés levés et les verdures.

A part le prix d'achat ou plutôt d'extraction, les frais d'exploitation ne sont pas considérables : des bêches, des pelles, des brouettes, des claies, des pompes, des rouleaux et des herses, forment le matériel. On peut évaluer approximativement les frais et les bénéfices ainsi qu'il suit : location de terrain, soit de 18,000 à 22,000 francs le journal (cent verges); autant pour les frais d'exploitation, et autant de bénéfices.

L'exploitation de la cendrière de Broyes est une des plus avantageuses.

Les travaux d'une cendrière sont loin d'être insalubres. Les ouvriers, qui souvent travaillent les pieds et les jambes dans les eaux altérées par les sels vitrioliques, n'en éprouvent point d'effets fâcheux, même pendant l'hiver; car les travaux ne sont interrompus que quelques jours à peine durant cette saison. Les hommes, les jeunes garçons et les femmes y sont employés indistinctement selon leurs forces, et souvent en famille. Il n'est pas rare de voir le mari travailler dans la fosse, tandis que sa femme et son fils de douze à treize ans, debout sur le talus, reçoivent les cendres et les chargent sur les brouettes. Les uns et les autres sont payés *à l'heure,* en raison de leur âge et de leur sexe, et selon la saison. Terme moyen, les femmes et les jeunes garçons gagnent de 22 à 25 sous par jour, et les hommes de 27 à 35; plus, pour tous également, un tiers en sus pendant le temps de la moisson ; aussi le village de Broyes n'a-t-il point de pauvres. Lorsque la cendre est abondante, l'extraction pressée et les ouvriers du pays en trop petit nombre, on accueille les étrangers. Beaucoup d'ouvriers belges ont demandé souvent du travail à la cendrière du mont Soufflard. Ils pouvaient être logés, couchés et nourris dans le pays pour 1 franc par jour.

La Picardie, où les tourbières sont en si grand nombre, a aussi plusieurs dépôts de cendres ; on en trouve à Rolo, à Froimont, à Promptleroy, à Boulincourt, à Goincourt, etc.

La manière d'exploiter les cendres diffère aussi sur certains points, et notamment à Joincourt. On les lessive, c'est-à-dire que l'on fait passer de l'eau sur un amas de cendres ; cette eau est ensuite retenue dans des bacs traversés de barreaux de fer, sur lesquels le liquide saturé dépose des cristaux d'alun et de vitriol qui entrent dans le commerce.

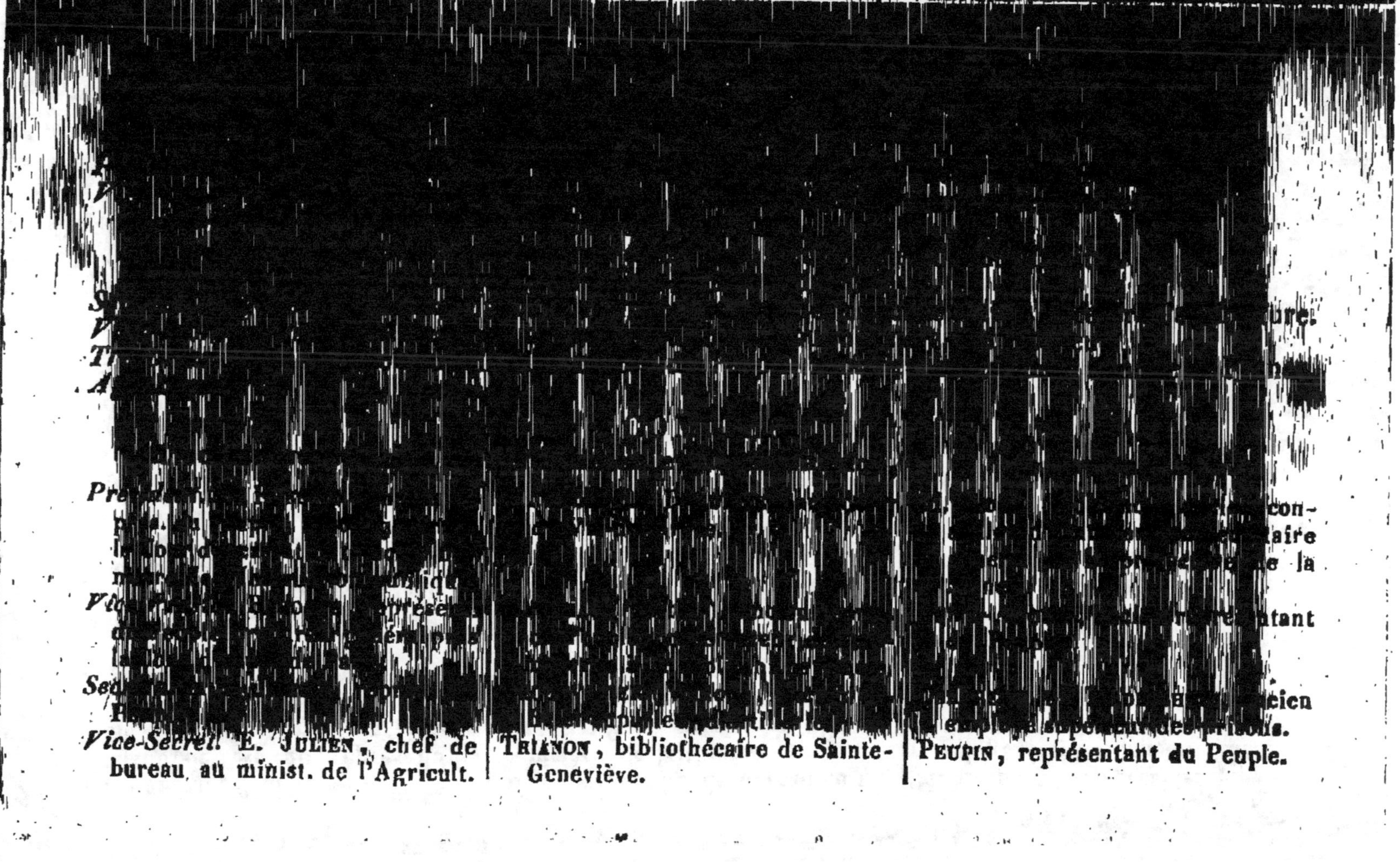

Vice-Secrét. E. JULIEN, chef de bureau au minist. de l'Agricult.	THIANON, bibliothécaire de Sainte-Geneviève.	PEUPIN, représentant du Peuple.

M. ANDRAL (Paul).

ARNAUD, de l'Ariége, représ. du P.

AUDIAT (le docteur), inspecteur général de 1re classe des prisons.

AUBERT-ROCHE, professeur au lycée Descartes.

BARBIER (Auguste).

BAUCHART (Quentin), représ. du P.

BERGER, représentant du Peuple, préfet de la Seine.

De BERVANGER, supérieur-fondateur de l'œuvre de Saint-Nicolas.

De BEAUMONT (G.), représ. du P.

BLANCHE, conseiller de Préfecture de la Seine.

De BRETIGNÈRES DE COURTEILLES, fondateur de Mettray.

COQUEREL (A.), représent. du P.

De CORCELLES, représ. du Peuple.

COUSIN, membre de l'Institut.

DORÉ, fondateur de l'institution des cours gratuits pour les ou-vriers du faubourg St-Marceau.

DO... ... ancien

M. FELMANN, chef de bureau au ministère de la Guerre.

GILLON (P.), représ. du Peuple.

GRUN, rédacteur en Chef du Moniteur.

GUIBOUT (Léon), avocat à la Cour d'appel de Paris.

GUÉRIN-MÉNÉVILLE, membre de la Société d'agriculture.

GUICHARD, ancien représ. du P.

JEANRON, directeur général des Musées nationaux.

JOMARD, membre de l'Institut.

LAFERRIÈRE, inspecteur général de l'ordre du Droit.

De LASTEYRIE (J.), représ. du P.

LECLERC (Louis).

LE MAOUT, prof. d'Hist. naturelle.

LUCAS, aide-naturaliste au Muséum d'Histoire naturelle.

MACÉ (A.), professeur d'Hist. à la Faculté des Lettres de Grenoble.

De MELUN, représent. du Peuple.

MARGOT-ROCHEFORT, avocat à la Cour d'appel de Paris.

M. MIMEREL (A.), président du Conseil général des manufactures.

MORICEAU, avocat à la Cour d'appel.

OUDINOT (le général), représentant du Peuple.

PEREIRE (Isaac), administrateur du chemin de fer du Nord.

PILLET (Gustave), chef de division au minist. de l'instruct. publique.

SAINT-MARC GIRARDIN, membre de l'Institut.

SAY (Horace), conseiller d'État.

SEVIN, avocat général à la Cour de cassation.

SIBOUR (l'abbé), vicaire général du diocèse de Paris, archidiacre de Notre-Dame.

De TOCQUEVILLE (Alexis), représentant du Peuple.

TOURNEUX, chef de ... ministère des ...

TROPLONG, premier président à la Cour d'appel de P...

De WATTEVILLE, ... conseiller d'État.